Tägliche Studien

Daily Studies

aus Carl Bärmanns "Clarinett-Schule"

from Carl Bärmann's "Method for Clarinet"

Op. 63

Überarbeitet und ergänzt von

Revised and supplemented by

Fridthjof Christoffersen

Friedrich Hofmeister Musikverlag

Leipzig

Erklärung der bei den Noten stehenden Zahlen, Buchstaben und Zeichen
Explanation of figures, letters and signs standing with the notes

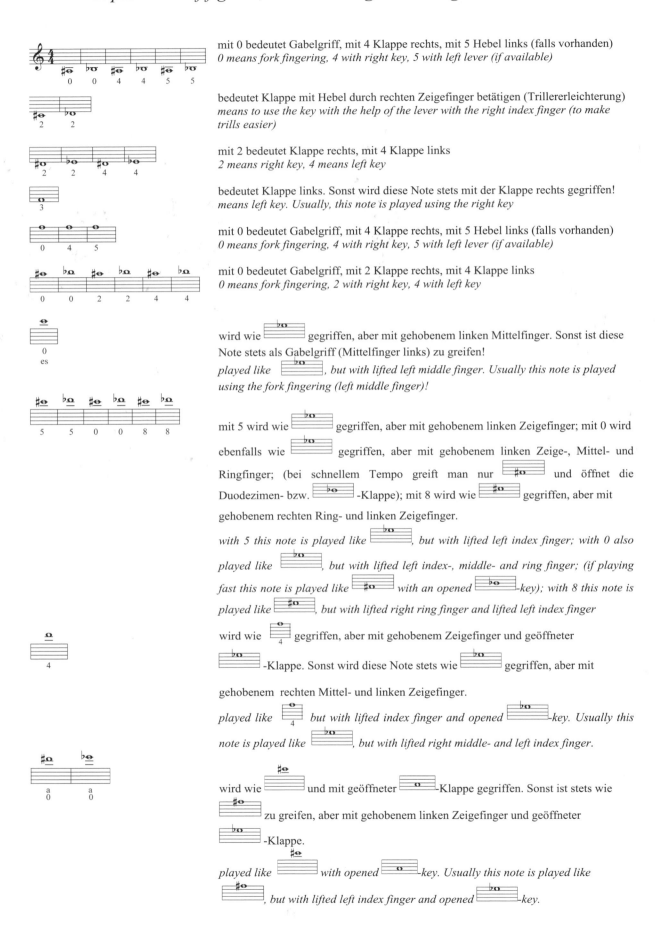

mit 0 bedeutet Gabelgriff, mit 4 Klappe rechts, mit 5 Hebel links (falls vorhanden)
0 means fork fingering, 4 with right key, 5 with left lever (if available)

bedeutet Klappe mit Hebel durch rechten Zeigefinger betätigen (Trillererleichterung)
means to use the key with the help of the lever with the right index finger (to make trills easier)

mit 2 bedeutet Klappe rechts, mit 4 Klappe links
2 means right key, 4 means left key

bedeutet Klappe links. Sonst wird diese Note stets mit der Klappe rechts gegriffen!
means left key. Usually, this note is played using the right key

mit 0 bedeutet Gabelgriff, mit 4 Klappe rechts, mit 5 Hebel links (falls vorhanden)
0 means fork fingering, 4 with right key, 5 with left lever (if available)

mit 0 bedeutet Gabelgriff, mit 2 Klappe rechts, mit 4 Klappe links
0 means fork fingering, 2 with right key, 4 with left key

wird wie gegriffen, aber mit gehobenem linken Mittelfinger. Sonst ist diese Note stets als Gabelgriff (Mittelfinger links) zu greifen!

played like , but with lifted left middle finger. Usually this note is played using the fork fingering (left middle finger)!

mit 5 wird wie gegriffen, aber mit gehobenem linken Zeigefinger; mit 0 wird ebenfalls wie gegriffen, aber mit gehobenem linken Zeige-, Mittel- und Ringfinger; (bei schnellem Tempo greift man nur und öffnet die Duodezimen- bzw. -Klappe); mit 8 wird wie gegriffen, aber mit gehobenem rechten Ring- und linken Zeigefinger.

with 5 this note is played like , but with lifted left index finger; with 0 also played like , but with lifted left index-, middle- and ring finger; (if playing fast this note is played like with an opened -key); with 8 this note is played like , but with lifted right ring finger and lifted left index finger

wird wie gegriffen, aber mit gehobenem Zeigefinger und geöffneter -Klappe. Sonst wird diese Note stets wie gegriffen, aber mit gehobenem rechten Mittel- und linken Zeigefinger.

played like but with lifted index finger and opened -key. Usually this note is played like , but with lifted right middle- and left index finger.

wird wie und mit geöffneter -Klappe gegriffen. Sonst ist stets wie zu greifen, aber mit gehobenem linken Zeigefinger und geöffneter -Klappe.

played like with opened -key. Usually this note is played like , but with lifted left index finger and opened -key.

mit 2 oder gar nicht bezeichnet wird wie ♪ gegriffen, aber mit gehobenem linken Zeigefinger und geöffneter ♭♪-Klappe; mit 0 wird ebenfalls wie ♪ gegriffen, aber mit geöffnetem ♪-Loch und geöffneter ♭♪-Klappe.

with 2 or without any figure this note is played like ♪, but with lifted left index finger and opened ♭♪-key; 0 is also played like ♪, but with opened ♪-whole and opened ♭♪-key.

mit 5 wird wie ♯♪ gegriffen, aber mit gehobenem linken Zeigefinger und geöffneter ♭♪-Klappe; mit d wird wie ♪ gegriffen, aber mit geöffneter ♯♪-Klappe.

with 5 played like ♯♪, but with lifted left index finger and opened ♭♪-key; with d played like ♪, but with opened ♯♪-key.

mit 5 wird wie ♭♪ gegriffen, aber mit gehobenem linken Ringfinger; mit 0 wird wie ♪ und geöffneter ♭♪-Klappe gegriffen.

with 5 played like ♭♪, but with lifted left ring finger; with 0 played like ♪ and opened ♭♪-key.

mit 5 wird wie ♭♪ gegriffen, aber mit gehobenem linken Mittel- und Ringfinger; mit 0 wird wie ♪ und geöffneter ♭♪-Klappe links und ♭♪-Klappe gegriffen; mit ²⁄₀ wird wie ♪ aber geöffneter ♭♪-Klappe rechts und ♭♪-Klappe gegriffen.

with 5 played like ♭♪, but with lifted left middle- and ring finger; with 0 played like ♪ and opened ♭♪-key the left side and ♭♪-key; with ²⁄₀ played like ♪ but with opened ♭♪-key at the right side and ♭♪-key.

mit 0 wird wie ♪ gegriffen, aber mit gehobenem linken Zeigefinger; mit ⁰⁄₀ wird wie ♪ gegriffen, aber mit gehobenem linken und rechten Mittelfinger; oder, falls dieser Griff schlecht stimmt, wie ♪, aber mit gehobenem rechten Mittel- und linken Zeigefinger; mit b wird wie ♯♪ gegriffen, aber mit gehobenem linken Mittelfinger und geöffneter ♭♪-Klappe.

with 0 this note is played like ♪, but with lifted left index finger; with ⁰⁄₀ played like ♪, but with lifted left and right middle finger; or, in case of poor tuning, like ♪, but with lifted right middle- and left index finger; with b played like ♯♪, but with lifted left middle finger and opened ♭♪-key.

mit 0 wird wie 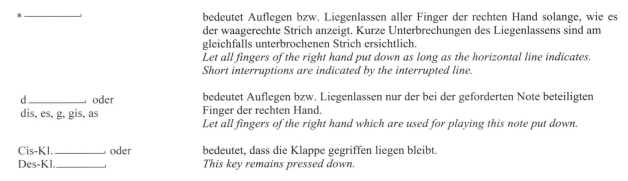 gegriffen, aber mit gehobenem linken Zeigefinger und geschlossener ▢-Klappe; mit es wird wie ▢ gegriffen, aber mit gehobenem linken Zeigefinger.

with 0 played like ▢, *but with lifted left index finger and closed* ▢ *-key; with es played like* ▢, *but with lifted left index finger.*

wird wie ▢ und ▢ gegriffen / *played like* ▢ *and* ▢

Bärmanns Ligaturzeichen werden wie folgt abgeändert und erweitert / *Bärmann's ligature signs have been changed and supplemented as follows*:

*‾‾‾‾‾‾ bedeutet Auflegen bzw. Liegenlassen aller Finger der rechten Hand solange, wie es der waagerechte Strich anzeigt. Kurze Unterbrechungen des Liegenlassens sind am gleichfalls unterbrochenen Strich ersichtlich.
Let all fingers of the right hand put down as long as the horizontal line indicates. Short interruptions are indicated by the interrupted line.

d‾‾‾‾‾‾ oder
dis, es, g, gis, as
bedeutet Auflegen bzw. Liegenlassen nur der bei der geforderten Note beteiligten Finger der rechten Hand.
Let all fingers of the right hand which are used for playing this note put down.

Cis-Kl.‾‾‾‾‾‾ oder
Des-Kl.‾‾‾‾‾‾
bedeutet, dass die Klappe gegriffen liegen bleibt.
This key remains pressed down.

Die Befolgung dieser Zeichen ist dringend zu empfehlen. Ab Nr. 6 sind die Ligaturen nicht mehr eingezeichnet; sie sind aber sinngemäß weiter anzuwenden.
Following the rules of these signs is strongly recommended. From No. 6 on ligatures are no longer given in the text. However, they are to be used by analogy.

Tägliche Studien

1. I. Diatonische Tonleiter

Sämtliche Tonleitern sind auch im Staccato zu üben

C-Dur

a-Moll
harmonisch

a-Moll
melodisch

G-Dur

e-Moll
harmonisch

6

e-Moll
melodisch

F-Dur

d-Moll
harmonisch

d-Moll
melodisch

D-Dur

h-Moll
harmonisch

h-Moll
melodisch

B-Dur

g-Moll
harmonisch

g-Moll
melodisch

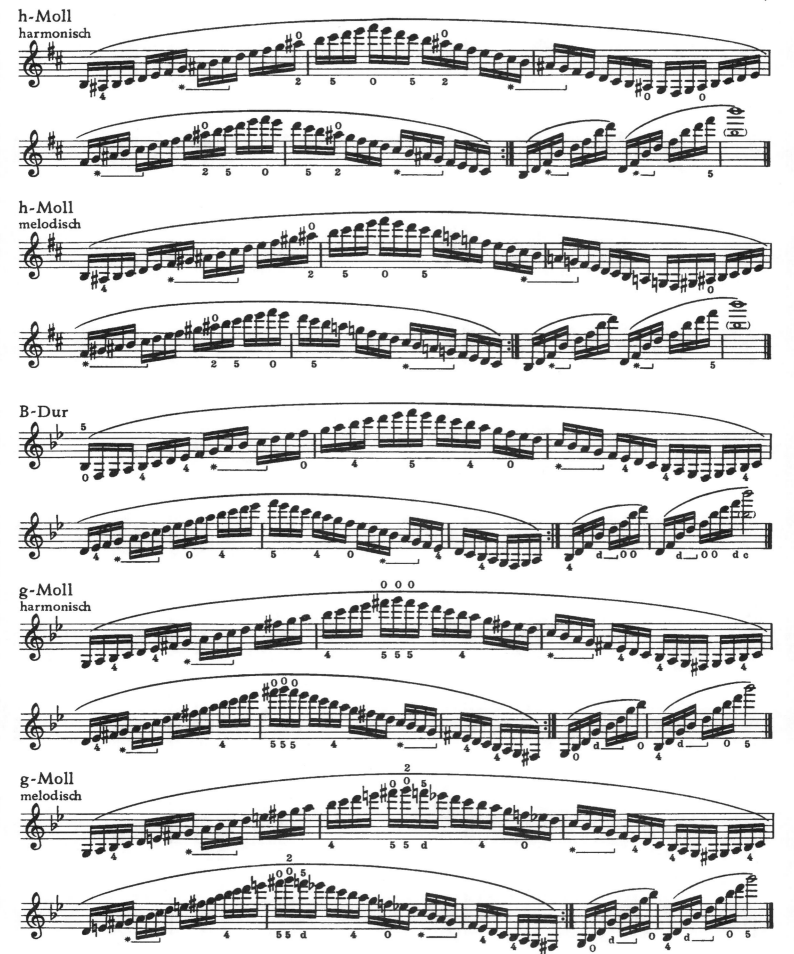

A-Dur

fis-Moll
harmonisch

fis-Moll
melodisch

Es-Dur

c-Moll
harmonisch

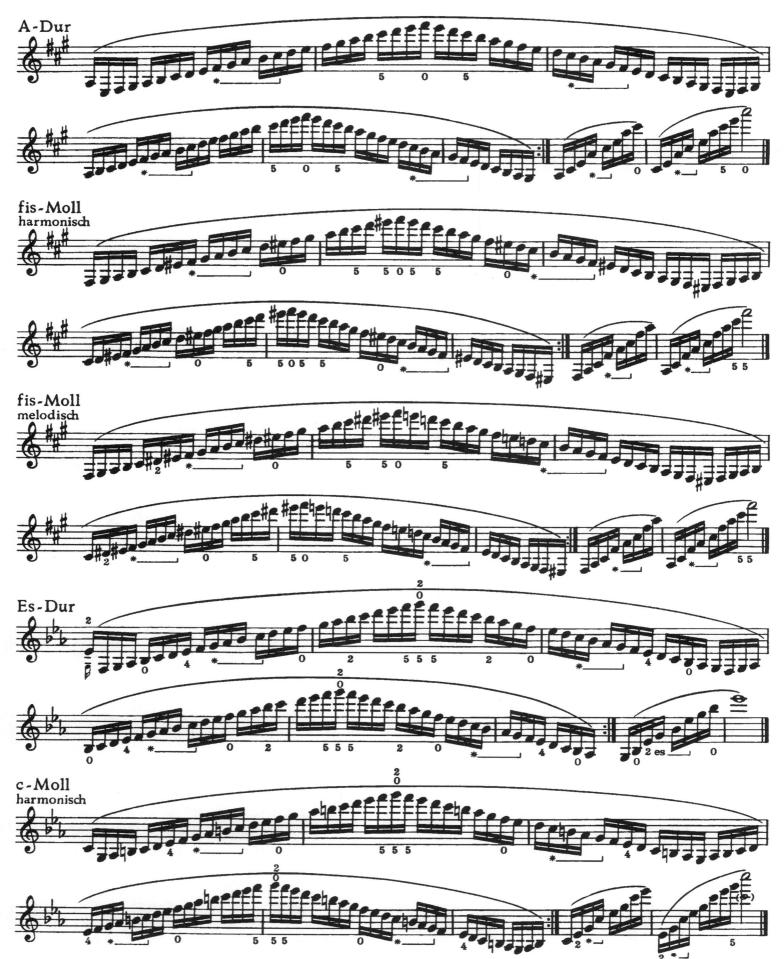

10

f-Moll
harmonisch

f-Moll
melodisch

H-Dur

gis-Moll
harmonisch

gis-Moll
melodisch

dis-Moll
melodisch

Ges-Dur

es-Moll
harmonisch

es-Moll
melodisch

II. Ganztonleiter

I.

II.

III. Chromatische Tonleiter

2. I. Dreiklänge: I
Jede Zeile ist mit allen drei Phrasierungen und im Staccato oft zu wiederholen

C-Dur

a-Moll

G-Dur

e-Moll

F-Dur

14

d-Moll

D-Dur

h-Moll

B-Dur

g-Moll

A-Dur

fis-Moll

Es-Dur

c-Moll

E-Dur

cis-Moll

II. Übermäßige Dreiklänge: I

3. I. Verminderte Septimenakkorde

III.

II. Verminderte Septimenakkorde auf der Ganztonleiter

I.

II.

III. Verminderte Septimenakkorde auf der chromatischen Tonleiter

IV. Verminderte Septimenakkorde ab- und aufsteigend

4. Tonleiterausschnitte in stufiger Rückung
I. Grundlage: diatonische Tonleiter

e - Moll
harmonisch

e - Moll
melodisch

F - Dur

d - Moll
harmonisch

d - Moll
melodisch

24

g - Moll
harmonisch

g - Moll
melodisch

A - Dur

fis - Moll
harmonisch

fis - Moll
melodisch

26

cis - Moll
harmonisch

cis - Moll
melodisch

As - Dur

f - Moll
harmonisch

f - Moll
melodisch

H - Dur

gis - Moll
harmonisch

gis - Moll
melodisch

Des - Dur

b - Moll
harmonisch

28

b-Moll
melodisch

Fis-Dur

dis-Moll
harmonisch

dis-Moll
melodisch

Ges-Dur

FH 6018

es-Moll
harmonisch

es-Moll
melodisch

II. Grundlage: Ganztonleiter

I

II

III. Grundlage: chromatische Tonleiter

5. I. Dreiklänge: II

C~Dur

a-Moll

G-Dur

e-Moll

F-Dur

d-Moll

34

As-Dur

f-Moll

H-Dur

gis-Moll

Des-Dur

II. Übermäßige Dreiklänge: II

6. Umkehrende Tonleiterausschnitte in stufiger Rückung
I. Grundlage: diatonische Tonleiter

C-Dur

G-Dur

38

F-Dur

D-Dur

B-Dur

A-Dur

40

As-Dur

H-Dur

Des-Dur

Fis-Dur

Ges-Dur

II. Grundlage: Ganztonleiter

I

II

III. Grundlage: chromatische Tonleiter

7. Dominantseptimenakkorde

C-Dur

G-Dur

F-Dur

D-Dur

48

B-Dur

A-Dur

Es-Dur

E-Dur

As-Dur

H-Dur

Des-Dur

Fis-Dur

Ges-Dur

8. Verschiedene Akkorde

54

9. Tonleiter in Terzen
I. Diatonische Tonleiter

e-Moll

F-Dur

58

h-Moll

B-Dur

g-Moll

A-Dur

fis-Moll

Es-Dur

c-Moll

E-Dur

cis - Moll

As - Dur

f - Moll

H - Dur

gis - Moll

63

Des-Dur

b-Moll

FH 6018

64

Fis-Dur

dis-Moll

Ges-Dur

65

es-Moll

II. Ganztonleiter (in großen Terzen)

I

FH 6018

III. Chromatische Tonleiter (in kleinen Terzen)

IV. Chromatische Tonleiter (in großen Terzen)

68

10. Tonleiter in Quarten

I. Diatonische Tonleiter

69

F-Dur

d-Moll

D-Dur

FH 6018

70

h-Moll

B-Dur

g-Moll

A-Dur

72

b-Moll

Fis-Dur

dis-Moll

Ges-Dur

II. Ganztonleiter (in übermäßigen Quarten)

III. Chromatische Tonleiter

11. Tonleiter in Quinten
I. Diatonische Tonleiter

C-Dur

a - Moll

G - Dur

e - Moll

F - Dur

d - Moll

D - Dur

h - Moll

80

fis-Moll

Es-Dur

c-Moll

E-Dur

FH 6018

82

H-Dur

gis-Moll

Des-Dur

b-Moll

83

FH 6018

es-Moll

II. Ganztonleiter (in verminderten Quinten)

III. Chromatische Tonleiter

12. Tonleiter in Sexten
I. Diatonische Tonleiter

C - Dur

a - Moll

G - Dur

e - Moll

F - Dur

d - Moll

D-Dur

h-Moll

B-Dur

fis-Moll

Es-Dur

c-Moll

As-Dur

f-Moll

H-Dur

gis-Moll

Des-Dur

b-Moll

Fis-Dur

dis-Moll

95

FH 6018

II. Ganztonleiter (in kleinen Sexten)

III. Chromatische Tonleiter (in kleinen Sexten)

IV. Chromatische Tonleiter (in großen Sexten)

13. Tonleiter in Septimen
I. Diatonische Tonleiter

100

D - Dur

h - Moll

B - Dur

g - Moll

FH 6018

A - Dur

fis - Moll

Es - Dur

c - Moll

E - Dur

cis - Moll

As - Dur

f - Moll

H - Dur

gis - Moll

104

Des - Dur

b - Moll

Fis - Dur

dis - Moll

Ges - Dur

es - Moll

II. Ganztonleiter (in kleinen Septimen)

III. Chromatische Tonleiter (in kleinen Septimen)

IV. Chromatische Tonleiter (in großen Septimen)

14. Tonleiter in Oktaven
I. Diatonische Tonleiter

F-Dur

d-Moll

D-Dur

110

h-Moll

B-Dur

g-Moll

A-Dur

FH 6018

fis-Moll

Es-Dur

c-Moll

112

E-Dur

cis-Moll

As-Dur

f-Moll

114

FH 6018

II. Ganztonleiter

116

II

III. Chromatische Tonleiter

15. Sextakkorde in stufiger Rückung
I. Grundlage: diatonische Tonleiter

118

F-Dur

D-Dur

B-Dur

120

FH 6018

Des-Dur

Fis-Dur

II. Grundlage: Ganztonleiter

III. Grundlage: chromatische Tonleiter

16. Dreiklangsfiguren in Triolen

G-Dur

e-Moll

F-Dur

d-Moll

D-Dur

A-Dur

fis-Moll

Es-Dur

c-Moll

E-Dur

cis-Moll

As-Dur

132

f-Moll

H-Dur

gis-Moll

FH 6018

Des-Dur

b-Moll

134

Fis-Dur

dis-Moll

FH 6018

Das Tempo der folgenden Etüde richtet sich ganz nach der Fertigkeit des Ausführenden.

17. Oktaven - Etüde

18. Staccato - und Triller - Etüde

Moderato

*) Trillerklappe Nr. 2

*) Bei vorhandenem H-Cis-Triller wird dieses Des während des Trillerns wie h¹, aber ohne C-Klappe, gegriffen und liegengelassen. Beim Nachschlag wieder Originalgriff.

19. Triolen - Etüde *⁾

Allegro moderato

144

*) Trillerklappe Nr. 2

*) Trillerklappe Nr. 2

*) Trillerklappe Nr. 2

Inhalt / *Contents*

unveränderter Nachdruck / *unrevised reprint* 2019

© 1956 by Friedrich Hofmeister Musikverlag, Leipzig